AF243001

FUNÉRAILLES

DE

M. L'ABBÉ MACHON

Curé-Archiprêtre de Pierrelatte

ORAISON FUNÈBRE

ET

DISCOURS

FUNÉRAILLES

DE

M. L'ABBÉ MACHON

Curé-Archiprêtre

DE PIERRELATTE

MONTÉLIMAR

IMPRIMERIE ET LITHOGRAPHIE BOURRON

1869

FUNÉRAILLES

DE M. L'ABBÉ MACHON

Curé-Archiprêtre de Pierrelatte

Le 10 octobre 1869, à 4 heures du soir, s'est éteint dans la paix du Seigneur, à l'âge de 62 ans, M. l'abbé MACHON (Jean-Louis), Curé-Archiprêtre de Pierre-latte.

Il rendait sa belle âme à Dieu, après avoir reçu tous les sacrements de l'Église et prononcé d'une voix émue sa profession de foi, en vertu de laquelle il mourait dans l'Église Catholique, Apostolique et Romaine.

Son dernier souffle s'exhalait à l'issue des Vêpres, au moment où se terminaient pour lui les litanies de la Ste-Vierge, suprême adieu d'une prière qu'il devait emporter dans l'éternité.

Quelques instants après, les cloches annonçaient au pays cette triste nouvelle et leur écho allait se répercuter douloureusement dans les âmes ; la population se transportait au presbytère pour donner au plus aimé des Pasteurs un témoignage d'estime et d'affection et lui payer un juste tribut de regrets et de larmes.

L'affluence n'a pas discontinué pendant quarante-huit heures, soit au presbytère, soit à l'Église ; chacun voulait contempler une dernière fois cette figure si

bonne, si douce, durant sa vie, et que la mort avait
si bien respectée jusque-là, dans l'expression de sa
bonté et de sa douceur; chacun sortait de la chambre
mortuaire, les yeux baignés de larmes et le cœur op-
pressé par les sanglots, après avoir jeté au souvenir
de ces dépouilles un éloge qui rappelait les vertus du
pauvre défunt. On ne priait pas pour lui, mais on le
priait pour soi; et on a vu des hommes, des jeunes
gens s'agenouiller aux pieds de son lit avec une foi
et une piété vraiment édifiantes.

Le lendemain, à 3 heures du soir, on faisait au
presbytère la levée du corps, qui était couché dans
une bière tendue de noir et parsemée de larmes; une
première procession composée de toutes les confréries de la paroisse le promenait dans les rues de la
ville; à 4 heures, il était exposé solennellement à
l'Église, qui présentait un spectacle saisissant de deuil
par ses tentures noires auxquelles se mêlait le con-
traste de lumières innombrables.

Au retour de la procession, on commençait les vêpres des morts, et le soir, à 7 heures, les Pénitents
chantaient l'office des morts et passaient le reste de
la nuit auprès du cercueil, dans la prière et dans la
méditation de la mort.

Le jour des funérailles était fixé au 12 du courant,
à 11 heures du matin.

La cérémonie commençait par le chant de la Messe
des morts, à laquelle assistaient vingt-six prêtres,
accourus de tous les coins du diocèse pour rendre un
légitime devoir à l'un de leurs confrères qui était pour
eux un ami, un modèle.

L'Église était comble, et l'assistance dans le recueillement d'une douleur bien sentie et parfaitement exprimée.

A l'Évangile, M. LIEUTAUD, curé-archiprêtre de St-Paul-Trois-Châteaux et délégué par Monseigneur l'Évêque de Valence pour présider les funérailles, montait en chaire, et, dans une allocution touchante, passait en revue les phases principales de la vie de M. MACHON ; ses paroles pleines d'une sympathique conviction, ont produit toute l'impression qu'on était en droit d'attendre d'un homme vénérable qui parlait aux enfants d'un de ses frères dans le sacerdoce.

Au Sanctus, la musique de Pierrelatte, sous l'habile et intelligente direction de M. Rouveure, exécutait un morceau d'harmonie qui exprimait on ne peut mieux les accents de la tristesse et de la douleur.

La messe, chantée par M. l'abbé RAYMOND, se terminait lorsque M. GARNIER, vicaire de la paroisse, montait en chaire. Il lisait une lettre qu'il avait reçue le matin de l'Évêché, et dans laquelle M. l'abbé Ange VIGNE, Vicaire-Général du diocèse, lui disait avec beaucoup de vérité, en parlant de la mort de M. le Curé : « Mon cher abbé, bien que nous nous atten-
» dions, depuis quelques jours, à ce douloureux ré-
» sultat, la nouvelle de la mort de votre vénérable
» Curé, que vous venez de nous annoncer, nous a pé-
» niblement affectés. C'est un saint prêtre de moins
» dans les rangs du clergé du diocèse, et par consé-
» quent un deuil bien sensible pour nous. »

En deux mots, M. le Vicaire-Général avait tracé le portrait du bon prêtre et de l'homme vertueux. Qu'il daigne ici agréer l'expression de notre remercîment le plus sincère.

Après cette lecture, M. Garnier prononçait un discours empreint des accents les plus pathétiques et les plus douloureux ; sa parole, tour-à-tour forte et sympathique, a beaucoup impressionné l'auditoire, elle a été la fidèle interprète de toute une population et l'écho d'une perte profondément sentie. Pendant qu'il parlait, les larmes coulaient abondantes et l'explosion des sanglots n'a pu être comprimée entièrement.

Immédiatement après le discours de M. l'abbé Garnier, le convoi funèbre s'est mis en marche pour se rendre au cimetière.

En tête, se trouvaient les Congréganistes de l'Immaculée-Conception, toutes en costume blanc et priant avec ferveur pour celui qui était leur sage et intelligent directeur ; leur modestie et leur recueillement révélaient la tristesse et le chagrin qu'elles éprouvaient d'avoir perdu celui qui leur faisait tant de bien.

Venaient ensuite les élèves de Mme Granier, habillées de blanc, elles aussi ; on voyait sur ces figures innocentes que le Pasteur qu'elles conduisaient à sa dernière demeure leur avait appris à l'aimer et qu'elles conservaient dans leurs jeunes cœurs un précieux souvenir de cette paternelle affection.

La Confrérie de Ste-Anne, les femmes qui n'appartiennent à aucune Congrégation, les Dames de charité, suivaient de près ; leur air pénétré et les larmes que nous avons vu couler de tous les yeux, disaient assez haut leurs regrets et leurs douleurs.

A la suite, marchaient les élèves des Frères Maristes et les élèves des Religieuses de St-Just. Les uns et les autres perdent un protecteur qui s'intéressait beaucoup à leur instruction et à leur bonheur ; il vivait pour eux ; à leur tour, ils vivront pour lui dans leurs prières et se souviendront à jamais de celui qui était leur père par excellence. Leurs bons maîtres et leurs excellentes maîtresses pourront le pleurer et le pleurer longtemps encore, car son existence leur était consacrée toute entière.

Après les Frères et les Sœurs, défilaient gravement en silence les membres des Confréries des Pénitents, de St-Vincent et de St-Polaise ; leur marche lente et recueillie exprimait au-dehors les émotions qu'ils éprouvaient au-dedans d'eux-mêmes. M. le Curé s'était toujours montré leur recteur dévoué dans les paroles d'encouragement qu'il leur adressait, toutes les fois qu'il en avait l'occasion.

A la suite, les musiciens jetaient aux échos les sons plaintifs d'une lugubre harmonie, qui impressionnait vivement ceux qui l'entendaient ; leur empressement mérite des éloges, et nous sommes heureux de pouvoir les leur faire agréer dans cette circonstance.

Mais le spectacle le plus saisissant était, à coup sûr, cette longue file de prêtres vénérables, presque tous revêtus d'ornements sacerdotaux. Leurs chants étaient pleins de larmes, et leurs prières pleines de regrets pour le frère qui venait après eux, et qui semblait leur dire dans son langage muet : Aujourd'hui, c'est à mon tour ! Demain, ce sera au vôtre ! Je vous attends !

Les coins du poêle étaient portés par M. Rose, curé de Lapalud, chanoine honoraire d'Avignon et chevalier de la Légion d'honneur ; par M. Salse, curé-archiprêtre du Bourg-St-Andéol ; par M. Saladin, prêtre habitué à Pierrelate et chanoine honoraire de Verdun ; par M. Clément, curé de la Garde-Adhémar.

Une députation de Frères Maristes venus de St-Paul-Trois-Châteaux, au nombre d'une cinquantaine, fermait la marche du convoi funèbre. Le costume noir et le cierge qu'ils avaient dans les mains étaient le symbole de la cérémonie de ce jour, le deuil ! Ils étaient beaux à voir, ces excellents religieux, mêlant à leurs prières angéliques l'expression de leur piété filiale pour celui qui était naguère encore le bienfaiteur de leur communauté et le plus zélé défenseur de leur cause.

Les membres de la Fabrique suivaient les Frères, et témoignaient par leur attitude respectueuse de la vénération qu'ils professaient pour le plus digne et le plus zélé des pasteurs.

Enfin s'avançait, porté à découvert par des Frères Maristes, celui qui faisait l'objet de toutes les larmes et de toutes les douleurs. Le cercueil sur lequel il reposait, revêtu des ornements sacerdotaux, ne ressemblait plus à un convoi funèbre, mais à un char de triomphe promenant dans les rues de la ville la personnification de la vertu, du devoir et de la charité. Du haut de son lit de mort, ce prêtre selon le cœur de Dieu, ce pasteur modèle, esclave de son ministère, imposait encore par le prestige de sa sainteté à toutes les conditions ; ses mains, qui tenaient l'emblème de l'amour et du pardon, le crucifix, bénissaient encore sa bonne population de Pierrelatte, et lui disaient avec une éloquence ineffable : « Voilà l'homme du sacri-

fice, la victime de l'expiation, l'holocauste de l'a-
mour! » Et tous, sans exception, s'inclinaient avec
respect et vénération sous l'empire de cette main qui
n'avait laissé tomber que des bienfaits, sous le souffle
de cette bouche qui n'avait fait entendre que des paroles de pardon et de miséricorde. Ah! c'est que la
vertu est une puissance qui subjugue tous les esprits !

Derrière le cercueil, s'avançaient les membres du
conseil municipal qui, sur l'invitation de M. l'abbé
Garnier, s'étaient empressés de donner à celui que
la mort leur enlevait, un dernier témoignage d'estime
et de sympathie. Nous les remercions de cet hommage
rendu à la mémoire d'un homme qui le méritait si
bien.

Le reste de la population terminait le convoi funèbre; la foule était nombreuse, et dans ses rangs se
confondaient tous les âges et toutes les fortunes. Nous
avons été édifié de tous ces bons habitants de Pierrelatte ; tous portaient sur leurs figures l'expression
des regrets et des larmes, tous faisaient intérieurement
l'éloge du pauvre et bien-aimé défunt ; et, s'il nous
était donné de reproduire ici toutes les paroles de
louange prononcées à l'occasion de cette mort, à coup
sûr nous posséderions une des plus belles et des plus
éloquentes oraisons funèbres. Il les avait accompagnés
dans toutes les vicissitudes de la vie ; à leur tour,
ils l'accompagnaient dans le lieu de sa dernière demeure.

C'est ainsi que cet homme de bien est arrivé là où
il en avait conduit tant d'autres lui-même; c'est ainsi
qu'il est venu se coucher à côté de ceux dont il avait
fermé les yeux et sur lesquels il avait appelé, en ces

lieux, les dernières supplications de l'Église et s'endormir avec eux dans le sommeil du grand et suprême repos.

Sur sa tombe, un prêtre, M. le curé de Lapalud, a lu un discours saisissant d'amitié, de sympathie et de bons souvenirs; ses mains et sa voix tremblantes d'émotion impressionnaient ses auditeurs; et plus d'un témoin de cette scène attendrissante n'a pu retenir ses larmes, à la vue de ce beau et digne vieillard, qui disait un dernier adieu à celui qui devait, un jour, lui fermer les yeux.

Après le discours de M. le curé de Lapalud, l'assistance se retirait insensiblement et faisait en cheminant les réflexions les plus salutaires pour l'avenir.

Ainsi s'est ensevelie dans la tombe cette lampe de la charité. *Hîc abscondita est lucerna charitatis !* Mais du haut du ciel où elle brille plus éclatante que jamais, elle fera rejaillir encore quelques rayons de sa bienfaisante chaleur sur les bons et excellents habitants de Pierrelatte.

Pierrelatte, 21 octobre 1869.

ORAISON FUNÈBRE

ET

DISCOURS

ORAISON FUNÈBRE

DE

M. l'Abbé MACHON (Jean-Louis)

Curé-Archiprêtre de Pierrelatte

Prononcée à la Messe solennelle de ses Funérailles

le 12 octobre 1869

PAR M. L'ABBÉ GARNIER (R.)

Vicaire de la paroisse de Pierrelatte

> *Dominus descendens in hortum,*
> *colligit lilium!* Le Seigneur est
> descendu dans son jardin et en a
> cueilli un lis !
>
> (Epitaphe d'une tombe).

MES FRÈRES,

Celui que vous aimiez et qui avait si bien mérité votre estime et votre affection; celui qui était votre modèle et l'exemple de toutes les vertus sacerdotales ; celui qui vous conduisait dans les sentiers du bien comme autrefois Moïse conduisait les Israélites dans le désert, n'est plus votre pasteur. Hier encore, il régnait parmi vous ; il règne maintenant dans les cieux. Son âme était un fruit mûr, et le Seigneur est descendu dans son jardin de la terre; il en a cueilli un lis nouveau et l'a transplanté dans son jardin céleste, dans la terre des vivants : *Dominus descendens in hortum, colligit lilium.*

L'ange du Seigneur a frappé à sa porte et lui a dit : Tu as assez travaillé; la mesure est pleine; maintenant ton heure est sonnée; lève-toi et marche, car ton

Maître t'attend pour te récompenser. Et le vent de la mort l'a couché dans une tombe à jamais scellée par le parfum de ses vertus et le souvenir de ses bonnes œuvres.

O mon Dieu ! voilà donc celui qui naguère encore était plein de vie et d'ardeur, le voilà devenu un cadavre désormais insensible à nos larmes, à nos douleurs, et que la terre va bientôt nous ravir ! O mon Dieu ! voilà donc la vie de l'homme ici-bas ! Un composé de misères et de tribulations, une chaîne non interrompue de douleurs et de souffrances ! Une larme signale le premier instant de son existence, une larme en signale le dernier ; et ainsi, du berceau à la tombe, l'homme se voit le jouet de quelques espérances, de quelques illusions trompeuses, dont l'une a bientôt emporté l'autre !

O mes Frères ! S'il est une voix éloquente, c'est la voix du tombeau ; et si la mienne, aujourd'hui, a quelque force, le spectacle de la mort lui communique seul cette vertu et cette puissance ! Que dis-je ! Je le sens, le silence, à cette heure, serait pour moi la plus précieuse des éloquences, si mon ministère ne me faisait pas un devoir de porter la parole devant un auditoire aussi nombreux qui est venu payer un juste tribut de regrets et de larmes au plus saint et au plus aimé des pasteurs.

Ah ! vous l'aimiez, mes Frères, ce pasteur de vos âmes, et il vous rendait au centuple votre amour et votre affection. Il vous avait donné ce que le Christ mourant donnait à la terre, il vous avait donné tous les battements de son cœur, toutes les aspirations de sa poitrine, toute la force et la puissance de son âme sacerdotale ; et s'il meurt, il meurt victime de son devoir, de son zèle et de son amour ; s'il meurt, il meurt plus pauvre que le dernier des pauvres ; s'il meurt, il meurt au sein des sacrifices et des privations ; s'il meurt, il meurt après avoir passé, lui aussi, par la vallée des épreuves et des tribulations !

Sa vie toute entière n'a eu qu'un seul but, qu'une seule ambition, qu'un seul désir : le bien et puis encore le bien ! Ses œuvres sont là pour l'attester ; elles sont là, grandes et nombreuses ; elles sont là encore toutes palpitantes d'actualité ; elles sont là comme un monument élevé à sa gloire qui passera à la postérité, et dont les générations se souviendront avec amour et avec reconnaissance ; il s'en va, mais ses œuvres restent, et l'oubli du temps ne pourra rien contre elles ; il s'en va, mais il vivra l'objet de cette légitime et glorieuse ambition à laquelle il a tout sacrifié, parents, amis, fortune, patrie, liberté, et toutes les satisfactions qu'il aurait pu goûter ici-bas, comme tant d'autres ; il s'en va, et le Seigneur, pour le grandir encore par le sacrifice, ne lui permet pas de jouir de son œuvre par excellence, de son œuvre la plus chère à son cœur, de cette œuvre qui s'élève en face de nous, à quelques pas d'ici, et qu'on appelle l'Œuvre de l'Hôpital ; il s'en va, et le dernier acte de sa vie est un dépouillement complet de ce qui lui restait d'une modeste fortune ; car il y a un mois à peine, il vendait les quelques biens qu'il possédait encore sous le soleil.

Voulez-vous, mes Frères, de nouvelles preuves de cette générosité héroïque ? Transportez-vous, pour un moment, dans la petite cité de St-Jean, où il a été vicaire pendant une douzaine d'années. Il y avait alors, à la tête de cette paroisse, un saint prêtre, M. Mouralis, dont les vertus et les actes de charité resteront longtemps profondément gravés dans la fibre la plus intime du cœur de cette bonne et excellente population de St-Jean-en-Royans.

M. Machon était le bras droit de son vénérable curé, l'appui de sa vieillesse et l'ange consolateur qui devait lui fermer les yeux. De bonne heure, il avait conquis l'estime, l'affection et la confiance de cet homme de Dieu, du pasteur qui représentait ici-bas pour lui Notre-Seigneur Jésus-Christ en personne.

M. Machon, par l'ascendant de sa vertu et de son dévouement à toute épreuve, avait acquis une pleine et entière liberté d'un vieillard respectable qui avait déjà un pied dans la tombe; et il en profitait pour faire le bien.

Une pensée poursuivait son esprit et son imagination; c'était le rêve de son cœur et l'objet de ses plus grandes ambitions. Il voulait fonder des Frères à St-Jean-en-Royans; mais que d'obstacles et de difficultés ne devait-il pas rencontrer !

Il va une première fois à Lyon, solliciter des Frères des Écoles Chrétiennes auprès de leur Provincial; il essuie un premier refus. Il y retourne une seconde fois; et malgré des offres d'un désintéressement et d'une générosité qui a peu d'exemples, il a la douleur de voir l'objet de sa demande de nouveau refusé.

Cependant, il ne se laisse point rebuter; il entreprend, pour la troisième fois, un voyage qui était alors long et pénible; pour la troisième fois il va trouver le Provincial des Frères des Écoles Chrétiennes;

et, tirant de dessous sa pauvre et misérable soutane, une épée nue, il la présente à ce digne et vénérable religieux, en lui disant : Mon frère, si vous me refusez encore, vous ne ferez jamais à mon cœur une blessure aussi profonde et aussi sanglante avec l'arme que je remets entre vos mains !

Cette éloquence d'un fait plus éloquent encore avait gagné le Provincial, et des Frères étaient acquis à St-Jean-en-Royans, et M. Machon créait dans cette petite ville une des institutions les plus utiles, au prix des plus grands sacrifices, au prix de son humble et modeste patrimoine.

Quelque temps plus tard, de simple vicaire, M. Machon était nommé curé d'une paroisse importante, Moras ; il succédait à un homme remarquable par sa piété et sa science, M. l'abbé Chotain, ancien vicaire-général du diocèse de Valence. Et là, il fondait de nouveau des Frères des Écoles Chrétiennes, malgré l'influence d'un homme haut placé et dont la puissance était bien connue dans le pays ; il les fondait, de ses propres deniers, et avec le concours d'une femme pieuse, qui a consacré, pendant de longues années, et ses veilles et ses nuits à tisser tout le linge de ces dignes et vénérés religieux.

Aussi M. l'abbé Machon jouissait tellement de l'estime, de la considération et de l'amour des habitants de Moras, qu'à l'époque des orages de 1848, alors que la tourmente révolutionnaire voulait envahir sa pauvre et modeste cure, une femme s'écria : On passera sur mon cadavre ensanglanté avant d'arriver à M. le Curé ! Et cette énergique protestation arrêtait l'émeute sur le seuil de la porte.

Mais c'est à Pierrelatte, surtout, mes Frères, qu'on voit éclater la vertu et la générosité de M. MACHON.

Il arrive au milieu de ses nouveaux paroissiens, dans une cure bien pauvre et bien délabrée. Croyez-vous qu'il va travailler à se procurer une habitation plus convenable? Non, mes Frères; et il passera ses douze années de séjour à Pierrelatte dans une maison qui lui donnera un trait de ressemblance de plus avec les pauvres, ses frères bien-aimés et ses meilleurs amis.

Sa première pensée est pour la maison de son Dieu, du grand Maître qu'il vient servir dans votre pays. Il fait exécuter dans ce sanctuaire, déjà si beau alors, ces peintures magnifiques que tout le monde admire à si juste titre. Par ses soins, de nouveaux autels sont érigés, des ornements nombreux et d'une grande valeur viennent enrichir ce temple et en rehausser la splendeur. Et cette chaire, qui est une œuvre d'art, posée il y a un an à peine, n'atteste-t-elle pas sa sollicitude et son bon goût? Ne fait-elle pas ressortir encore davantage cet ensemble harmonieux qui flatte le coup d'œil du visiteur, dans un monument où toutes les parties sont d'une régularité parfaite?

Si M. MACHON n'a pas été le fondateur des Frères Maristes dans cette paroisse, il en a été, du moins, le soutien le plus ferme et le plus zélé; il a été le défenseur de leur cause, parce que cette cause était celle du bien et de la religion; et Dieu seul peut dire les sacrifices qu'il a dû s'imposer pour être à la hauteur d'une tâche aussi difficile.

Il n'a pas été, non plus, le fondateur des Religieuses de St-Just; mais personne n'ignore tout le bien qu'il a fait à l'établissement de ces bonnes Dames. Cette nouvelle construction, que nous contemplons tous avec bonheur et avec admiration, est une preuve frappante de ce que j'avance ; elle lui a coûté bien des sollicitudes, bien des angoisses, bien des privations. Mais son courage était soutenu par la pensée de faire le bien et de doter votre pays d'une grande et belle création, dont les habitants de Pierrelatte conserveront à son auteur une éternelle reconnaissance.

Mais ce qui était le plus beau et le plus méritoire dans la personne de M. Machon, parce que c'était plus caché, c'était sa grande charité, ce besoin insatiable de répandre d'abondantes aumônes et de nombreux bienfaits, partout où la pauvreté faisait sentir son aiguillon et saigner des blessures profondes ; il était heureux toutes les fois qu'il pouvait rayer du tableau des misères humaines une de ces douleurs poignantes qui pullulent de par le monde et qui affligent l'humanité souffrante. Rien alors ne lui coûtait, et les plus grands sacrifices étaient pour lui des joies et des consolations ineffables.

Que de pauvres n'a-t-il pas secourus, nourris de ses propres ressources ! Que de malheureux n'a-t-il pas vêtus ! Que d'infortunés, retenus par la honte de mendier, n'a-t-il pas visités dans l'ombre et le silence de la nuit ! On raconte qu'un soir, on l'a vu, par un temps très-mauvais et par une nuit sombre, porter lui-même un matelas et des couvertures dans une maison où gîsait, mourant de froid et de faim, une malheureuse famille. Et cet acte, qui n'a pas de qualification, aurait été renouvelé plusieurs fois dans son court passage au milieu de vous.

Mes Frères, quand vous voyez un homme s'oublier lui-même pour ne penser qu'à ses frères en Jésus-Christ, se dépouiller volontairement pour enrichir les autres, renoncer aux avantages d'une position qui lui permettait un genre de vie moins sévère, pour faire le bien et répandre des bienfaits; passer toute une existence au milieu des sacrifices et des privations de tous les genres, uniquement pour accomplir de bonnes œuvres, vous pouvez dire : Cet homme-là était un saint !!! Car il n'y a que la sainteté de la vertu qui puisse donner un courage aussi héroïque et enfanter un pareil dévouement ! Il n'y a que la grâce d'en haut et la vitalité du catholicisme qui puissent communiquer cette grande et sublime vocation du renoncement, que seuls peuvent comprendre ceux qui ont le bonheur d'y être appelés par la Providence ! C'est la soif du bien et des bonnes œuvres ! C'est la soif des âmes ! C'est la soif de Jésus-Christ mourant sur une croix pour la rédemption du genre humain !

Or, qui mieux que M. Machon a été la personnification de cet homme ?

Oui, le voilà bien, l'homme du sacrifice, l'homme de Dieu, le prêtre de l'Évangile, le ministre de la charité ! Le voilà : il met en pratique les exemples de magnanimité, de courage, d'un désintéressement qu'on rencontre seulement dans la vie des saints ! Le voilà : il ne craint pas de se dépouiller entièrement, parce qu'il est assuré que le Dieu qu'il sert sera son rémunérateur et l'enrichira au centuple.

Et ce Dieu, en effet, mes Frères, lui a déjà tenu compte de tous ces sacrifices et de tous ces dévouements, par la belle et sainte mort qu'il a faite, par une de ces morts qui sont précieuses devant le Seigneur : *Pretiosa in conspectu Domini, mors sanctorum ejus !* par une de ces morts qui sont le soir d'un beau jour, l'annonce de la félicité éternelle, l'avant-goût des délices et des joies célestes !

Il y avait soixante ans qu'il travaillait pour atteindre ce but, pour réaliser cette espérance. Aussi sa foi a été des plus ardentes, lorsque recevant son Dieu, son Sauveur et son Maître, il s'écriait tout palpitant d'amour pour l'hôte auguste qui venait le visiter : « Seigneur, mon temps est fini ; ma carrière sacerdotale touche à son terme ; je n'ai plus qu'un devoir à remplir, celui de demander pardon aux personnes que j'aurais pu offenser et remercier celles qui m'entourent présentement des soins dévoués qu'elles ont bien voulu me donner, durant le cours de ma maladie ; leurs larmes me touchent et je vous prie, Seigneur, de les déposer dans le plus intime de mon âme, afin que si bientôt vous daignez m'appeler à vous, je puisse me souvenir de ceux qui m'ont fait du bien ici-bas ! Seigneur, prenez mon âme et acceptez le sacrifice de ma vie que je vous offre bien généreusement. *In manus tuas, Domine, commendo spiritum meum.* »

Et son Dieu, mes Frères, se donnait à lui ; il s'unissait à son âme d'une union si intime et si ineffable, que dès lors il n'a plus eu de pensées que pour Celui qui résidait dans son cœur ; la terre, avec ses préoccupations, avait disparu pour lui, et déjà sa conversation était dans le ciel.

C'est ainsi qu'il s'est éteint, celui que nous pleurons, parce que c'est ainsi que meurent les saints. Il a pris son essor vers les cieux, où il est allé vous préparer une place. *Vado vobis parare locum.* Et du haut de son trône tout resplendissant de gloire et de félicité, il veille sur ses enfants de la terre ; il les aime encore, il les aimera toujours, et toujours il leur fera le plus de bien qu'il sera en son pouvoir.

Car, mes Frères, quoique mort, du sein de cette tombe où repose maintenant son corps, il vous prêche encore : *Defunctus adhuc loquitur !* Et que vous dit-il ? Ecoutez-le :

Souvenez-vous, s'écrie-t-il, vous tous vénérables vieillards, présents à cette triste et lugubre cérémonie, souvenez-vous que c'est aujourd'hui ou jamais l'heure de penser au passage du temps à l'Éternité ; l'heure de vous ménager une bonne mort par un retour vrai et sincère à Celui qui vous appellera bientôt ; la vie pour vous est à son déclin, et le pied qui est déjà dans la tombe doit vous rappeler le rendez-vous de la grande famille chrétienne.

Souvenez-vous, pères et mères de famille, de la mission que la Providence vous a confiée à l'égard de vos enfants, mission qu'on oublie de nos jours plus que jamais, et cependant bientôt il faudra en rendre à Dieu un compte sévère et rigoureux.

Souvenez-vous, jeunes gens, et vous, jeunes personnes qui m'entendez et avec vous celui qui vous parle en mon nom ; souvenez-vous que la vie est courte, et que la jeunesse est l'âge des illusions trompeuses et mensongères ; souvenez-vous que cet avenir qui apparaît à vos yeux enchantés sous le prisme d'un rêve d'or, va toujours s'obscurcissant à mesure qu'il se découvre devant vos pas ; souvenez-vous que plus la vie est agitée, que plus les passions tourmentent le cœur de l'homme, comme la vague qui sous l'effort de la tempête soulève les flots d'une mer en fureur, plus cet avenir devient sombre, redoutable, effrayant.

Souvenez-vous, vous tous que le ciel a déshérités des biens de la terre, que Dieu compte toutes vos sueurs, et que chaque goutte qui découle de votre front penché vers la terre, sera, un jour, une semence féconde de salut et de vie éternelle.

Souvenez-vous, vous aussi que la Providence a comblés de ses richesses et de ses faveurs, souvenez-vous que Dieu n'a déposé ces biens et ces trésors entre vos mains que pour secourir vos frères dans la misère et dans le malheur et pour participer à toutes les bonnes œuvres dans la mesure de vos moyens.

Telle est, mes Frères, la parole qu'il vous fait entendre, aujourd'hui, par ma bouche. L'avez-vous comprise et surtout êtes-vous disposés à la mettre en pratique? Il a pu, lui, voir arriver la mort de loin ; il s'y préparait depuis longtemps ; mais, pour vous, en est-il de même? Qui vous assure qu'elle ne vous surprendra pas? Qui vous dit qu'elle ne vous arrêtera pas sur votre chemin? Qui vous promet que, vivant peut-être sans Dieu et sans religion, ce Dieu que vous avez abandonné durant votre vie, ne vous abandonnera pas à l'heure de votre mort? Pourrez-vous lui dire ce que lui disait ce bon pasteur sur son lit de mort, à l'exemple de St-Paul, pourrez-vous lui dire, vous aussi : *Bonum certamen certavi, cursum consommavi, fidem servavi ; in reliquo reposita est mihi corona justitiæ quam reddet mihi justus judex in illa die :* J'ai combattu un bon combat ; j'ai consommé ma carrière, j'ai gardé ma foi ; je n'ai plus à attendre que la couronne de justice que me décernera mon juge, maintenant que je vais paraître devant lui pour lui rendre compte de la gestion de mes affaires ici-bas. Pourrez-vous, dites-moi, vous rendre le même témoignage? Non ; car l'ange de la mort vous aura peut-être lancé dans l'Éternité, les mains vides de mérites et de bonnes œuvres? Non ; car on ne pourra pas graver peut-être sur votre tombe les paroles à jamais mémorables qu'on appliquait autrefois à Jésus parcourant les bourgades de la Judée, et qu'a si bien conquises par la lutte et le travail celui que la mort a ravi à notre affection : *Transiit benefaciendo !*

Oui, mes Frères, il a passé sur la terre en faisant le bien, et partout il a laissé des traces ineffaçables de son passage ici-bas. Demandez-le plutôt aux habitants de St-Jean ! Demandez-le plutôt aux habitants de Moras ! Demandez-le surtout aux habitants de Pierrelatte ! Demandez-le enfin à ce beau et magnifique testament qu'il a laissé en mourant et qu'on ne saurait lire sans verser des larmes ! Oui, demandez-le à cette dernière et suprême expression de sa volonté par laquelle il lègue le reste de sa fortune aux trois grands théâtres sur lesquels il a exercé un ministère si bien rempli ! Demandez-le aux Frères de St-Jean, à qui il laisse un souvenir précieux de son amour et de ses sympathies ! Demandez-le à ceux de Moras, à qui il accorde la même faveur ! Demandez-le enfin aux Frères Maristes et aux Religieuses de St-Just de cette paroisse qui doivent posséder par égale part son humble mobilier ! Oui, demandez-le à tous ces bons Frères, à toutes ces excellentes Religieuses dans le cœur desquels le nom et le souvenir de M. MACHON doivent être inscrits désormais en lettres d'or qui ne s'effaceront jamais !

Il n'y a pour lui qu'un seul cri, qu'une seule voix : le cri de la justice, la voix de la louange.

Et ce cri de la justice et cette voix de la louange qui ont vibré profondément dans les âmes, durant sa vie, vibreront d'une manière plus forte encore après sa mort ; au point qu'on peut dire de M. MACHON qu'il n'a pas eu un seul ennemi au sein de sa bonne population de Pierrelatte, puisqu'il emporte avec lui, dans la tombe, l'estime, la sympathie, la vénération et les regrets de tout le monde, sans exception ! ! !

O saint et vénéré pasteur, du haut de cette gloire où, sans doute, la miséricorde infinie de Dieu t'a déjà placé, prie pour nous, afin que nous mettions en pratique les beaux exemples que tu n'as pas cessé de nous donner, durant ton pélerinage sur cette triste et misérable terre, dans cette vallée de soupirs et de larmes ! Sois notre ange gardien, notre guide dans les sentiers si difficiles du désert de ce monde !

Ta voix, maintenant, ne retentira plus dans cette enceinte ; mais les voûtes de ce sanctuaire rediront tes vertus et tes bienfaits ! Ton cœur ne versera plus dans le calice de l'éternel amour ta prière et tes souhaits de bonheur ; mais cet autel conservera le souvenir de tes vœux pour le bien de ceux que la Providence t'avait confiés ! Ta bouche ne laissera plus sortir des conseils salutaires pour les âmes que tu dirigeais ; mais cette prison volontaire (1) célèbrera à jamais ta patience, ton travail et ton abnégation.

(1) Le confessionnal.

Tu fais un grand vide parmi nous. Le pauvre perd en toi un bienfaiteur, le riche un ami, l'affligé un consolateur, l'orphelin un père, et le pays entier un bon et saint prêtre, un prêtre selon le cœur de Dieu et de sa divine Mère, un de ces prêtres qui sont une bénédiction de choix pour les paroisses qui ont le bonheur de les posséder, un de ces prêtres qui font la gloire de l'Église et la joie des populations.

Pour nous, ministres du Seigneur, nous perdons en toi un frère, un modèle, heureux de pouvoir marcher sur tes traces et arriver au même but. Comme toi, nous ne voulons ambitionner qu'une seule gloire, la gloire qui repose en Celui qui est l'Éternité. Comme toi, nous ne voulons rêver qu'une seule espérance, non pas l'espérance mondaine qui vient se briser contre les quelques planches d'un misérable cercueil, mais l'espérance chrétienne qui traverse la tombe et va se perdre dans le sein de Dieu lui-même !

Pour moi enfin, ton pauvre et modeste vicaire, je perds en toi le meilleur des pasteurs et le père le plus affectueux, fier néanmoins de pouvoir hériter ici-bas d'un pan de ce magnifique manteau de toutes les vertus, que tu as emporté au séjour des élus et dont tu as laissé quelques lambeaux sur la terre ! Oh ! merci et mille fois merci de ce précieux héritage, dont je veux me rendre digne, et laisse-moi, en terminant, exhaler ma douleur dans les regrets et les larmes et te dire pour la dernière fois : Adieu, ô saint et bien-aimé pasteur ! Adieu pour le temps, mais au revoir pour l'Éternité !   Ainsi soit-il !!!

DISCOURS

PRONONCÉ SUR LA TOMBE

de M. l'Abbé MACHON (Jean-Louis)

Curé-Archiprêtre de Pierrelatte

par M. ROSE

Curé de Lapalud, Chanoine honoraire d'Avignon et chevalier de la Légion d'honneur.

Messieurs,

Avant que cette tombe ne se referme à jamais, permettez à un ami de cœur, dont la parole emprunte son prestige à l'autorité de l'âge, permettez, dis-je, à un ami de jeter quelques fleurs sur ces dépouilles mortelles, seuls restes de l'excellent pasteur dont nous déplorons la perte : je parle des fleurs que l'éloquence humaine répand sur les bords de la fosse que la mort creuse aux victimes de son impitoyable faux. Ces fleurs, hélas! ne sont pas de celles qui s'élèvent dans nos jardins, sous la douce température d'un ciel toujours serein. Celles que j'ai cueillies dans cette triste circonstance, il m'a fallu les chercher dans le désert de ce qu'on appelle la Paroisse, où les ronces et les épines croissent sous les pas du pasteur, plus souvent que ne se propagent aux bords des sentiers ces touffes de verdure qui exhalent de suaves parfums.

J'ai dit aussi que j'allais prendre la parole en qualité d'ami de cœur de votre excellent Curé. En effet, des liens d'amitié s'étaient établis entre lui et moi, et ces liens avaient pris naissance dans le sacrement de la réconciliation. Quand la sollicitude de Monseigneur l'Évèque de Valence pour le bien de son diocèse, le nomma au poste de Pierrelatte, voisin de ma paroisse, ce grand prélat, afin d'obtenir plus facilement son adhésion en triomphant de ses répugnances, ne manqua pas de lui désigner quelques curés dans l'étendue de ce ressort dont les relations pourraient lui être agréables. Eh ! bien, dois-je le dire, mon nom, dans cette occasion, fut prononcé par cette bouche épiscopale, et mis à la suite des noms honorables qui embellissent nos deux diocèses.

Voilà de quelle manière le modeste curé de Lapalud fut signalé à l'amitié et à la sympathie de l'éminent curé de Pierrelatte. Mais, hélas! que nous avons profité peu de temps de cette amitié vraie et sincère, qui était pour nous un trésor de sagesse et de bienveillance! Dans la dernière maladie aux étreintes de laquelle j'ai heureusement échappé, combien de fois, alors que ce digne pasteur venait me visiter, combien de fois n'ai-je pas pensé en moi-même qu'il viendrait présider à mes funérailles, et qu'il me rendrait les derniers devoirs de la piété sacerdotale !

Mais, vous le savez, Messieurs, les décrets de Dieu sont impénétrables. Aujourd'hui, les rôles sont intervertis. Moi, vieux comme Siméon, moi, que la limite d'âge biblique a placé sur le seuil de l'extrémité de la vie, je me trouve avec étonnement l'un des assistants de cette triste cérémonie, et je me vois mêlé à de jeunes collègues qui sont venus conduire leur doyen à sa dernière demeure.

Excellent et digne Curé ! du haut du ciel où déjà tu as reçu une récompense digne de tes mérites; du haut du ciel où tu sièges parmi les bienheureux, daigne jeter un regard protecteur sur ta belle paroisse, qui t'aimait et qui conservera longtemps le souvenir de tes vertus, comme de celles de ton digne devancier ! Ami de l'un et de l'autre, j'espère qu'en vous donnant le baiser fraternel dans la céleste patrie, vous n'oublierez pas votre voisin qui vous avait livré son cœur et auprès de qui le vôtre était en si bon renom !